Yasmin Mai-Schoger

Ach, Alm

G'schichta rond om d' Achel

Und als der Herbst sah
wie schön es dort oben ist,
da hauchte er seinen herbstlichen Atem
über die Wiesen und Weiden
über die Bäume und Sträucher
und es ward noch schöner
als zuvor

Yasmin Mai-Schoger

Ach, Alm

G'schichta rond om d'Achel

Bibliografische Information der Deutschen Nationalbibliothek:
Die Deutsche Nationalbibliothek verzeichnet diese Publikation in
der Deutschen Nationalbibliografie; detaillierte bibliografische
Daten sind im Internet über http://dnb.dnb.de abrufbar.

© **2020 Mai-Schoger, Yasmin**
Herstellung und Verlag: BoD – Books on Demand, Norderstedt
ISBN: 978-3-752-606096

1. Auflage 2020

Ach, Alm – G'schichta rond om d'Achel

Bilder: Yasmin Mai-Schoger

INHALTSVERZEICHNIS

Die Achalm ist's,
die zu mir spricht:
Schreib doch mal ein Herbst-Gedicht!
So schreib ich was ich heute sah
und was ich sah
war wunderbar.

So farbenfroh das Blatt am Ast
nur langsam, langsam es verblasst.
Ein jeder Baum dort voller Stolz,
stark und kräftig ist das Holz.
Sie trotzen dem Sturm,
dem Regen, dem Wind,
standhaft sie seit Jahren sind.
Sie blicken hinab, hinab ins Tal –
umgeben vom herbstlichen Sonnenstrahl.

Ein Zauber wohnt dem Herbst wohl inne,
gut für die Seele, gut für die Sinne.
Und der Herbst zieht seine Kreise,
manchmal laut und manchmal leise,
lässt die Bäume und Sträucher erstrahlen,
als würde der beste Künstler dort malen.

Jetzt hab ich beschrieben was ich dort sah.
Und was ich sah
war wunderbar.

Nur der Gipfel ragt hervor,
das Tal indes im Nebel liegt.
Der Dunst der morgens eisern fror,
sich schmeichelnd
um die Kuppel schmiegt.
Ein Zauber hängt in Berg und Baum,
Nebelschwaden zieh'n ins Land,
man sieht den Berg vor Nebel kaum,
im Nebelschleier er verschwand.
Wer liebt ihn nicht, den Blick ins Tal,
wenn Nebel langsam hochwärts zieht,
wenn langsam klärt der Sonnenstrahl,
was noch an Berg und Gipfel liegt.

© Yasmin Mai-Schoger

Dort wo einst ein Affe hauste,
ein Pony durch die Gegend sauste,
Chow-Chow Cherie hüpfte, sprang,
ein bunter Pfau die Federn schwang -
wo dem Schwein das Bäuchlein hing,
der Esel wohl ein Mäuschen fing -
dort der wahre König thronte,
in einem kleinen Häuschen wohnte.
Ganz verlassen nun das Haus,
fort ist längst die kleine Maus.
Doch der Geist lebt dort wohl fort,
an diesem wunderschönen Ort.

14

Falke Finn
fliegt mit dem Wind,
stolz er seine Flügel schwingt.
Im Turm Andreas ruht sein „Nest'',
nur selten er's alleine lässt.
Doch zieht es ihn zur Achel hin,
dort ist er gern, der Falke Finn.
Über den Wiesen, über den Weiden –
Ach, wie ist er zu beneiden!
Er sitzt dort oben auf dem Ast,
ohne Eile, ohne Hast.
Falke Finn genießt die Zeit,
die Zeit auf seinem grünen Zweig.
Erst abends, wenn es dunkelt dann,
verstummt sein wunderschöner Klang.
Dann zieht es ihn zu seinem Turm,
geschützt vor Regen, Wind und Sturm.

Von bunten Blättern übersät,
so, raschelt's auf dem Schönen Weg.
Keines wohl dem anderen gleicht,
der Herbst hat den Zenit erreicht.
Ich schreite hinab, hinab ins Tal -
die Bäume entblättert,
entlaubt und kahl.
Und trotzdem
doch in ganzer Pracht,
ein Zauber diesen Weg bewacht.
Es raschelt und knistert,
es knackt und laubt,
jeder Schritt gewohnt, vertraut.
Welch' ein Wunder-Schöner-Weg,
von bunten Blättern übersät.

© Yasmin Mai-Schoger

18

Wenn der Herbst
hoch oben
auf der Achalm thront,
golden die Blätter ins Tal
nun wehen.
Der Aufstieg
einmal mehr sich lohnt,
so wunderbar jetzt anzusehen
Des Herbstes Farben,
welch' eine Wonne,
sie spiegeln sich
in der glänzenden Sonne.
Ein Lichterspiel
in gold und gelb
meine Seele sich erhellt.

Wurzelwerk
auf allen Wegen,
moosbehangen jeder Ast,
Spinnen stolz den Stumpf umweben,
morsches Holz mein Blick erfasst.
Einsam, verlassen, menschenleer,
ruhig und still, was will man mehr.

22

Wenn der Wind
grad' günstig steht,
der Herbst dort seine Runden dreht,
die Blätter durch die Lüfte weh'n,
dann bleib ich einmal mehr
noch steh'n.
Die Bäume sind jetzt fast schon kahl,
ich schau' hinab ins nahe Tal -
die Achel bunt in meinem Rücken,
herbstlich will sie uns entzücken.
Zauberhaft das Herbst-Gewand -
so farbenfroh und bunt das Land.
Und meine Achel die Schönste ist,
der Herbst ist es,
der sie geküsst.

Wo Schwälbler leben,
wohnen, hausen,
Falken, Eichelhäher schmausen.
Dort bin ich gern, so gern,
weit ab vom Stress, weit ab vom Lärm.
Fern vom Taubenschlag der Zeit,
ein kleines Stück Geborgenheit.
Umgeben von Wäldern, Wiesen
und Bergen,
einer der schönsten Plätze auf Erden.

© Yasmin Mai-Schoger

Im Wind
da knarrt ein knorriger Ast,
ein Vogel singt als letzter Gast,
die Stimmen sind schon lang
verklungen,
gegangen die Alten,
gegangen die Jungen.
Und doch den Charme
niemals verloren,
die Treue hab ich ihr geschworen -
bei Wind und Sturm,
bei Nebel und Regen,
meine Schritte auf all ihren Wegen.
Ich liebe die Ruhe,
die Stille, das Schweigen.
Nur der Vogel auf kahlen Zweigen.
Ich schaue zufrieden hinauf zum Turm,
und trotze dem Regen,
dem Wind, dem Sturm.

Morgens früh um acht,
vorbei ist sie, die Nacht –
lauf ich's Königssträßle lang,
die Sonne nimmt schon ihren Gang,
der Nebel wartend über dem Tal,
darüber freundlich ein Sonnenstrahl.
Still und schweigsam beginnt der Tag,
die Welt mir dort zu Füßen lag.
Welch' ein Ausblick, welch eine Sicht,
die Sonne sich im Nebel bricht.

© Yasmin Mai-Schoger

Es war der Nebel der mich rief,
ein zarter Hauch am grünen Hang.
Ich eilte, rannte, sauste, lief,
ich hüpfte und ich sprang.
Ich sah die Hand vor Augen nicht,
der Nebel nahm mir kurz die Sicht.
Ich liebe den Nebel,
wenn er dort steht -
die Zeit dann einfach anders vergeht.

Ich genieße die Stille, die Ruhe, das
Schweigen,
oben zwischen den Eichenzweigen.
Der Nebel zog ab,
der Nebel „verschwand'' -
Und rate mal, wer vor mir stand?

Ein kleines, weißes, zottliges Schaf,
das Schaf ich dort im Nebel traf.
Es lief auf mich zu, es schaute mich an,
dann begriff ich irgendwann...

Ich war umgeben von zottligen
Schafen.
Sie waren es, die sich dort trafen!

Sie sprangen und hüpften,
sie rannten und liefen,
sie blöööktten und määähten,
sie schimpften und riefen.

Welch' ein wundervoller Ort,
nicht zu beschreiben mit nur einem
Wort!

Ein schöner Brauch,
wer hätt's gedacht-
herrscht auf der Achalm,
zur Heiligen Nacht.

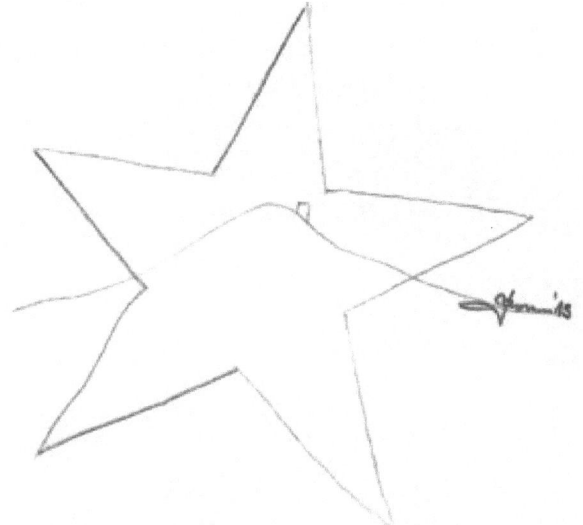

Wer dort verweilt zur vollen Stunde,
so überliefert aus meinem Munde -
der nimmt das Glück
dann mit nach Haus',
zieht wohlgemut zur Welt hinaus.
Man stelle sich dort oben hin,
und nimmt sein Ziel fest in den Sinn.

Dann einfach nur die Augen schließen
und den Augenblick genießen.
Und wenn im Tal die Glocke klingt,
der Zauber auf dich niedersinkt.
Beschwingt, vergnügt kehrst du zurück,
mit dem Gefühl vom großen Glück.
Ein schöner Brauch,
wer hätt's gedacht-
dort auf der Achalm,
zur Heiligen Nacht.

Den Sommer -
ja, den lieb ich sehr -
ich komm dann noch viel lieber her.
An die Fichte ich mich lehne,
träume, grüble, schmiede Pläne.
Abgeschieden von der Welt -
deshalb es mir hier gefällt.
Ich sitz' dort bis zum Dämmerlicht,
denn schön ist's, wenn die Nacht
anbricht.
Auf der Achel wird es leise,
nur der Mond zieht seine Kreise.

An einem lauen Sommertag
ich oben auf der Achalm lag.
Ich lag dort auf dem Wiesenknopf,
den Salbei unter meinem Kopf.
Das Sonnenröschen links von mir,
auch von den Disteln zwei, drei, vier.
Welch' ein wunderschöner Ort.
Ach, müsste ich doch niemals fort.
Ich sah den Wolken beim Wandern zu,
genoss die Stille, genoss die Ruh'.
Nur die Achalm, die Achalm und ich –
Ein kleines Seufzen mir entwich.

Sommerteppich, samtig-warm.
Barfuß und ganz angetan,
tu' ich es den Schafen gleich,
die Wiese flauschig, daunenweich.
Ich strecke meine müden Glieder,
lege mich ins Grase nieder.
Genieße Enzian und Klee,
Wiesenknopf und Orchidee.
Silberdistel, Thymian -
ja, ich bin ganz angetan.
Ewig könnte ich hier liegen,
find' hier oben meinen Frieden.

Fleißig, fleißig fliegt die Imme
dort am Hang beim großen Strauch -
wenn ich richtig mich entsinne,
schon die Pollen unterm Bauch.

In Disteln, Salbei, Orchidee,
im Wiesenknopf und auch am Klee,
fliegt die Biene vollbepackt,
beim Fliegen sie nach unten sackt.

Grad noch so zum Stock es schafft,
am Ende hat sie kaum noch Kraft.
Bei der Königin sie wohnt,
dorthin bringt sie ihre Beute
und der Flug hat sich gelohnt,
was die Königin erfreute.

Achalm-Honig, welch' Genuss,
kommt dann später aus den Waben,
wie ein samtig weicher Kuss,
daran sich die Schwaben laben.

Es wächst, gedeiht
und sprießt hier oben,
bis die Biene kommt geflogen -
alles das im Honig steckt,
dies am Ende man auch schmeckt!
Und schmecken tut der gold'ne Saft -
lecker, köstlich, zauberhaft.

Ein Hollerstrauch
im Winde steht,
die Blüten weiß und zart,
die Rispe viele Schirmchen trägt,
an diesem schönen Tag.

Nur eine Handvoll oder zwei
nimmt man von einem Strauch,
allerhöchstens einmal drei,
so sagt ein alter Brauch.

In jeder Blüte Sonne steckt,
und davon gab es reichlich,
deshalb es so herrlich schmeckt,
einfach unvergleichlich!

Aromatisch, fruchtig, frisch,
kommt der Holler auf den Tisch.
Spritzig, erfrischend, goldgelb -
so viel Gutes er enthält.

Gesammelt hier oben, noch von Hand,
an der Achalm man ihn fand.

Denn selbstgemacht ist selbstgemacht,
Natur in ihrer ganzen Pracht.

Für Geist und Gaumen ein Vergnügen,
genießt man ihn in vollen Zügen!
Es fließt der Holler durch die Kehle -
ein Schluck Achalm,
für Herz und Seele!

Da lief ich so den Weg entlang,
ein kleines Liedchen ich grad sang -
Ein Lied vom Gipfel hinter mir,
ein Lied von dort wo ich stolzier.
Ich sang von Wiesen,
Eichen und Fichten,
ich sang von grauen Nebelschichten.
Von herrlichen Orten,
grad zum Träumen –
ein Ort zum Pausieren
unter den Bäumen.
Ein schönes Lied, so dachte ich –
ein kleiner Windhauch drehte mich.
Dann sah ich, was ich grad gesungen,
das schöne Lied war zwar verklungen -
doch das was blieb
war einfach herrlich.
Wundervoll und unerklärlich.

Unter Bäumen
hab ich gesessen,
für einen Moment die Zeit vergessen.
Wir lasen Geschichten,
sangen manch' Lied -
ich erzählte von dem,
was ich so schrieb.
In Versen wurde die Achalm erkundet,
erwandert, bewundert
und auch umrundet.
Für einen Moment waren wir ihr
ganz nah',
es war, als wären wir wirklich da.
Welch' schöner Platz,
welch' schöner Ort.
Der Wind trug meine Worte fort.

Egal, auch wenn ich hundert bin -
sie geht mir nicht mehr aus dem Sinn.
So oft war ich hier oben Gast,
genoss die Wiesen, machte Rast.
Tausendfach entlang spaziert,
gewandert, geschritten und marschiert.
Tausendmal ins Tal geschaut,
ja, der Blick ist so vertraut.
Meine Gedanken blieben dort,
nur der Wind, der trug sie fort.
Einmal noch dort oben steh'n,
spüren wie die Winde weh'n.
Ja, auch wenn ich hundert bin -
ist sie noch in meinem Sinn.

Es hoppelte vor meiner Nase,
der kleine Hans, der Achalm-Hase.
Er hüpfte hin und hüpfte her,
er hüpfte links und hüpfte quer.
Hoch zum Turme hopste er,
denn den Gipfel liebt er sehr.
Und wenn er hochgehoppelt ist,
er alles um sich rum vergisst.
Stundenlang sitzt er im Grase,
der kleine Hans, der Achalm-Hase.

Gedichte
von anderen
schönen Pfaden
und Ufern

54

Morsches Holz
am Mühlenblatt,
die Zeit der Mühle ist vorbei,
drehte einst für diese Stadt,
ihr Lebenswerk ist längst entzwei.
Das Wasser floss mit Kraft
und Schwung,
für Leder, Tuch und Faden,
um die halbe Stadt herum,
in wässrigen Kaskaden.
Nun steht sie hier ganz still und starr,
nur sie weiß, wie's hier wirklich war.

Oben an der Lindachbrücke
steht der Reiher still und stumm,
wartet auf die fette Mücke,
schaut dort stumm am Ufer rum.
Der graue Herr, er regt sich nicht,
wartet dort auf seinem Stein,
von hier oben beste Sicht,
steht dort nur auf einem Bein.
Und der Fluss fließt einfach weiter,
plätschert um den Stein herum,
bringt ihn mit, den Echaz-Gleiter,
zart und leis' ist sein Gebrumm.
Doch der Reiher sieht ihn nicht,
war ganz kurz mal eingenickt,
bis die Mücke ihn dann sticht,
fast wär er ja umgekippt.
Weit noch hört man sein Geschrei,
und die Mücke fliegt vorbei.
Das war wohl nix, so dachte er,
sein Magen war noch immer leer.
Drum steht er immer noch am Stein,
still und stumm auf einem Bein-
wartet auf die fette Mücke,
dort oben an der Lindachbrücke.

58

Unter einem Blätterdach,
liegt ein wunderschöner Bach.
Dort wo einst die Gerber saßen,
an den blauen Wasserstraßen -
schwimmt jetzt eine Bachforelle,
an des Baches schönsten Stelle.
Friedlich fließt der kleine Fluss,
seine Ufer ein Genuss.
Stille kann man hier genießen,
den Fluss, den lässt man
einfach fließen.
Wandert dort am Ufer lang,
dort wo grad' das Fischlein sprang.

„*Klein Venedig" einst genannt,*
der Lauf des Flusses höchst charmant-
wild bewachsen, die Ader der Stadt,
die sie wachsen lassen hat.
Die älteste Zunft sie einst gespeist,
heute begradigt, verwildert, verwaist.
Ein Ort zum Verweilen
und zum Spazieren,
zum Innehalten und Pausieren.

© Yasmin Mai-Schoger

An der Echaz
sollst du schreiten,
dort wo der Igelkolben steht -
von den Pfaden lass dich leiten,
mal seh'n wohin der Wind dich weht.
Lass dich verzaubern,
umgarnen, betören,
du musst nur schauen,
sehen und hören.
Der Fluss lädt zum Pausieren ein,
zum Schlendern, Rasten, Träumen,
genieße doch den Sonnenschein,
den Fluss dort unter Bäumen.
Die Echaz ist's, die uns erfreut,
drum lasst sie uns erkunden heut.

64

Lasst uns horchen,
lasst uns lauschen,
schließt die Augen,
folgt dem Rauschen.
Bleibt einfach steh'n und hört kurz zu,
genießt die Stille, genießt die Ruh'.
Schreitet über Holz und Stein,
genießt den warmen Sonnenschein.
Es plätschert, es rinnt, es strömt
und fließt,
zufrieden der, der die Aussicht genießt.
Drum lasst uns horchen,
lasst uns lauschen,
dem wunderschönen
Echaz-Rauschen.

Die Wasseramsel schwimmt im Fluss,
weil sie ja auch was essen muss...
Sie findet Schnecken,
Schnaken, Fliegen -
ein Vogel, den wir alle lieben.
Auch Kribbelmücken dort zu finden,
unter den Eichen, unter den Linden.
Und was singt denn da in blau?
Wer ist schon so fleißig im Morgentau?
Leuchtend blau sein schönes Gefieder,
singt er seine schönsten Lieder.
Und noch ein gern geseh'ner Gast
macht am Echaz-Ufer Rast -
denn ein Reiher reiht sich ein,
steht dort auf dem großen Stein.
Still schaut er zum Uferrand,
stundenlang er stumm dort stand -
in des Baches Wasserschnelle,
immer an der gleichen Stelle.

68

Für immer befestigt,
verankert, verriegelt -
die Liebe an der Echaz besiegelt.
Für immer verewigt,
ein Zeichen gesetzt -
dass man sich mag, liebt und schätzt.
Hier zwischen Bäumen,
über dem Fluss,
ein schönes Wort, ein schneller Kuss.
Hoffnung dem Schlosse innewohnt,
wenn es über der Echaz thront.

Am Türmle liegt sie
und schläft doch nicht,
sie genießt ganz einfach nur die Sicht.
Den Blick auf die Achalm,
den kleinen Turm –
sie liegt dort bei Regen,
bei Hagel und Sturm.
Ich frage mich, was sie wohl denkt,
wohin sie ihre Träume lenkt.
Sie liegt nur da, bewegt sich nicht,
bewundert einfach nur die Sicht.

Die alte Steige fuhr ich lang,
dabei ein kleines Liedchen sang'-
das Städtle konnte ich schon seh'n,
da blieb ich einfach mal kurz steh'n.
Vor der Achalm lag ganz still
ein kleines Dörfchen, ein kleines Idyll.
Umgeben von Bergen, von Wäldern,
von Weiden,
trotz schöner Aussicht,
sehr bescheiden.
Der Ort lädt ein zum kurz Verweilen,
viel zu schade um weiterzueilen.

Rate mal, was ich grad' fand,
beim Streifzug durch die Weide -
Knabenkräuter am Wegesrand,
die Blüten wie aus Seide.
Zur Teufelsschlucht spazierte ich,
umrahmt von Baum und Wald,
ich sorglos durch die Wiesen strich,
dort auf der Schwäb'schen Alb.
Am Katzenbuckel hielt ich an,
genoss die Aussicht dort am Berg,
der Anblick zog mich in den Bann,
welch' wunderschönes Werk.
Ich ruhte auf des Künstlers Bank,
die Stille mich ereilte
in Gedanken ich versank,
erfreut ich dort verweilte.
Es rief der Kirchturm um halb acht:
Es wird gleich dunkel,
wird gleich Nacht -
Der Mond schon auf der Linde hing',
als ich dann froh nach Hause ging.

Wer sie sucht
muss aufwärts geh'n,
hoch hinauf wo nichts mehr blüht.
Wer sie sucht, muss in sich geh'n,
tief hinein bis ins Gemüt.
Wer sie sucht, muss selbst still sein,
denn die Stille Stille sucht.
Wer sie sucht, sucht meistens mehr,
nicht nur Ruhe, Stille, Schweigen.
Fühlt sich hilflos, matt und leer.
Stille soll die Richtung zeigen.
In der Stille Antwort liegt,
das was war und das was wird.
Denn die Stille still beschreibt,
das was kommt und das was bleibt.
Wer sie kennt, meist schon erahnt
welchen Rat sie einem gibt.
Denn sie stets zum Hören mahnt,
wenn man in den Abgrund blickt
Wer sie sucht, der findet sie.
Fühlen, spüren, Richtung dreh'n.
Wirklich weit ist sie ja nie.
Stille gibt dir zu versteh'n.

Geschichten von den Schwälblern

Yasmin Mai-Schoger

Die Schwälbler
Rond om d'Achel - „Klein Venedig"

„Schau mal, wie schön!", flüsterte Caya begeistert und fragte sich, was das wohl für ein wunderschöner, blauglänzender Vogel ist, der da gerade an ihr vorbeigeschossen war. So einen hübschen Vogel hatte sie noch nie gesehen. Ihr Freund Ulm wusste nur zu gut, was da gerade ins Gebüsch am Flussufer geflogen war. „Das ist ein Eisvogel", antwortete er stolz. Ulm war ein kleiner *Schwälbler* und er war schon oft mit den Eisvögeln um die Wette geflogen. Genau hier am Echaz-Ufer.

Ulm gehörte zur Familie der *Schwälbler,* war kaum größer als ein Daumen und trug ein blaues Kleidchen aus Blättern der Küchenschelle. Die *Schwälbler* waren feenartige Wesen, die gleichzeitig den wunderschönen Feen und den geschmeidigen Schmetterlingen ähnelten. Sie wohnen in den Wiesen und Wäldern der Schwäbischen Alb und helfen den Bienen die idyllische Landschaft mit ihrer einzigartigen Tier- und Blumenvielfalt zu erhalten.

Ulm wohnt mit seiner Familie in der Nähe der verlassenen Burgruinen bei den Achalm, ein paar entferntere Verwandte leben bei den Uracher Wasserfällen; ein weiterer Zweig hatte sich in der Nähe der Bärenhöhle niedergelassen. Ein Bruder der Cousine mütterlicherseits wohnt am

Mädlesfels. Sie alle kochen Pudding aus Buschwindröschen, backen Kuchen aus den Blüten der Katzenpfötchen und essen Eis aus Veilchenblättern.

Und Caya? Nun ja, Caya ist ein junges Mädchen, welches Ulm durch Zufall am Fuße des Hausberges getroffen hatte. Und da sie die Schwäbische Alb genauso sehr liebte wie er, schlossen sie Freundschaft und erkundeten seit dem gemeinsam die Schwäbische Alb.

Sie waren bei den Uracher Wasserfällen, hatten eine Kanu-Tour auf der Donau gemacht, auf dem Georgenberg Abenteuer bestanden und sogar die *Engste Gasse der Welt* hatten sie besucht. Auch die vielen Brunnen der Stadt hatten sie sich angeschaut, auch Cayas Lieblingsbrunnen – den Zunftbrunnen. Bei den Ausflügen erzählten sie nette Geschichten rund um die Stadt. Es war immer lustig, wenn die beiden unterwegs waren.

Und heute besuchten sie das Echaz-Ufer. Ulm berichtete liebevoll von dem ruhigen kleinen Fluss, der sich durch die halbe Stadt schlängelt und immerhin 23 km lang ist, auch wenn er gar nicht danach aussah. Früher speiste er unzählige Wehre und Mühlen. Schließlich waren einmal Gerber und Färber direkt an der Echaz ansässig.

Damals sah das Ufer der Echaz allerdings noch ganz anders aus. Und es war so verzweigt und verschachtelt, dass man es liebevoll das „Klein Venedig" nannte. Schon sehr früh nutzte man hier die Wasserkraft des Flusses und baute unzählige Fabriken entlang des Flussufers. Überall waren Mühlen zu finden. Was war das damals für ein Treiben am Echaz-Ufer! Gern lauschte Ulm den Geschichten der Bewohner. Auch heute kann man noch Überreste dieser Zeit finden.

Ulm und Caya liefen ein Stück am Ufer entlang und immer wenn es etwas zu berichten gab, blieben sie stehen. Als erstes bewunderten sie das knallgelb-orangene Haus inmitten einer kleinen Insel. Caya staunte nicht schlecht, als Ulm erzählte, dass hier einst eine Knopffabrik untergekommen war. Und als Ulm verriet, dass er erst gestern einen alten silberfarbenen Knopf im Fluss gefunden hatte, fand sie die Geschichte natürlich noch viel spannender. Gleich nachher wollte sie schauen, ob sie nicht vielleicht auch ein Knopf im Fluss fand, sie liebte alte Knöpfe.

Ulm holte eine Tüte Orchideen-Gummibärchen aus seiner Tasche und die beiden machten eine kleine Pause. Der kleine *Schwälbler* schwärmte beim Spazieren von riesigen alten Mühlen aus Holz, welche sich entlang des Ufers angesiedelt hatten. Ein solch imposantes Exemplar stand jetzt direkt vor ihnen. „Und wenn der Sommer besonders heiß war", kicherte Ulm, „setzten wir uns in die mit Wasser gefüllten Schaufeln und machten uns einen Spaß daraus, sie rückwärts laufen zu lassen, was war das für ein Heidenspaß", erzählte er weiter.

Nun liefen die Mühlen leider nicht mehr. Umso lustiger war es, dass im Sommer diesen Jahres ein riesiges Riesenrad auf dem Marktplatz gestanden hatte. Das erinnerte an die guten alten Zeiten, mit den sich drehenden Mühlenrädern. „Nur das Wasser fehlte", bemerkte Ulm. Dafür hatten sie einen atemberaubenden Blick auf ihre geliebte Achalm, auf den Marktplatz und auch die Marienkirche konnten sie sehen. Und nachts, wenn keiner hinschaute, ließen sie die Gondeln so schnell drehen, dass den jungen *Schwälblern* fast schlecht wurde. An einem Abend regnete es so stark, dass die Gondeln voll Wasser liefen. Das war wie damals an den Mühlrädern und somit hatten sie eine Menge Spaß. Natürlich ließ Ulm die Gondeln irgendwann rückwärts laufen.

„Stell dir mal hundert *Schwälbler* in einer Gondel vor!", lachte Ulm. Das fand auch Caya sehr amüsant.

Nun waren die beiden ungleichen Freunde an einer der lustigen schmalen Brücken angekommen. Sie standen dort eine Weile und schauten auf den friedlichen Fluss. Erst jetzt bemerkte Ulm die unzähligen Schlösser am Brückengeländer. Jedes der Schlösser hatte zwei Namen eingraviert. Einige hatten sogar Herzen eingeritzt. Liebespaare hatten sich hier für immer verewigt. Caya fand die Idee wunderschön und schlug vor, dass sie am nächsten Tag auch ein solches Schloss an die Brücke hängen sollten. Natürlich auch mit ihren Namen. Mussten sie nur noch schauen, an welche der Brücken sie es hängen wollten. Irgendwie gibt es hier ziemlich viele, dafür dass es nur so ein kleines Flüsschen ist.

Dann entdeckten Sie ein ganz besonders idyllisches Plätzchen. Inmitten der Stadt ein Wehr – man hörte die Echaz rauschen und am Ufer lag tatsächlich ein kleines Boot – umgeben von Bäumen und Blättern. Wie wunderschön. Es gehörte wohl zu der *Alten Mühle*, welche einen kleinen Biergarten direkt an der Echaz betreibt. So schön gelegen. Ein wahres Plätzchen zum Pausieren und Träumen! Mitten in der Stadt! Caya war begeistert. Hier würde sie den nächsten Sonnenschein nutzen und ihren Mittagskaffee genießen.

„Und wenn man Glück hat, und die Tür gerade offen steht, kann man einen kleinen Schatz begutachten", wusste Ulm. Und tatsächlich hängt im Inneren der Alten Mühle eine original Steintafel aus dem Jahr 1830. Ein Andenken an den kalten Winter im Jahr zuvor, als die untere Echaz so gefror, so dass man auf ihr reiten und gehen konnte. Laut Ulm standen zehn Tage lang die Mahlwerke still. Die Stadtväter ermöglichten es durch geringe Abgaben Holz zu kaufen, um es unter den Armen zu verteilen. Ulm und Caya hatten Glück, die Tür stand offen und ein freundlicher Herr winkte sie herein. In alter Schrift lasen sie von dem kalten Winter. Caya erschauderte vor Ehrfurcht. „Es gibt in dieser Stadt so viele alte Geschichten, wäre schade, wenn sie eines Tages verloren gingen", dachte Caya laut.

„Deshalb gibt es ja *Das Buch der Schwälbler*! Hier ist alles festgehalten!" entgegnete Ulm und schmunzelte vor sich hin. Caya hatte von dem dicken *Buch der Schwälbler* gehört und sofort fiel ihr ein, dass sie sich das Buch hatte ansehen wollen. Vielleicht setzte sie sich einfach damit an das Echaz-Ufer und schmökerte darin.

Sie schritten weiter über Holz und Stein und es plätscherte, es rann, es strömte und floss und plötzlich kam der putzige Eisvogel von vorher vorbeigeflogen und - hast du nicht gesehen - flog er mit Ulm um die Wette. Sie schwirrten nur knapp über dem Wasser entlang und jeder flog so schnell er nur konnte. Der possierliche Vogel spiegelte sich im Fluss und Caya konnte ihre Augen nicht von ihm wenden. Nur einen Augenblick schaute sie zu Ulm – und was sie da sah, ließ sie abermals erschaudern.

Ulm war genauso wie der Eisvogel über der Echaz entlanggeflogen, nur hatte er den Grauen Herrn nicht gesehen. Dieser hatte gedacht, Ulm sei ein Frosch und hatte kurzerhand zugeschnappt.

Er hatte einfach Ulm verschluckt. Caya schrie auf! Sofort lief sie in den Fluss, um ihrem Freund zu helfen. Auch der Eisvogel hatte das Unglück bemerkt und war umgekehrt. Gerade als Caya und der Eisvogel bei dem Reiher ankamen, sperrte dieser den Schnabel auf, und Ulm kletterte unversehrt heraus. Zum Glück schmecken *Schwälbler* scheinbar nicht besonders gut, der Reiher hatte sein Versehen sofort bemerkt und hatte ihn nicht hinuntergeschluckt. Zum Glück!

Ulm ließ sich vom Schnabel direkt ins kühle Nass fallen und nahm erst einmal ein Bad! Schließlich war er ja fast im Bauch des Reihers gelandet – igitt!

Eigentlich stand der Reiher immer oben an der Lindachbrücke, es gibt sogar ein Gedicht über den

„einbeinigen Vogel", erinnerte sich Ulm und sagt gleich die ersten zwei Verse auf.

Oben an der Lindachbrücke
steht der Reiher still und stumm,
wartet auf die fette Mücke,
schaut dort stumm am Ufer rum.
Der graue Herr, er regt sich nicht,
wartet dort auf seinem Stein,
von hier oben beste Sicht,
steht dort nur auf einem Bein.

Ulm lachte und Caya stimmte mit ein.

Eine Bachforelle schwamm neben Ulm. Eine Wasseramsel tat es Ulm gleich und badete ebenfalls im Fluss. Dass hier eine solche Fischvielfalt anzutreffen ist, ist nicht selbstverständlich, war es doch vor langer Zeit gefüllt mit Gerbstoffen und anderem „Unrat", mal in blau, mal in rot. Aber das ist lang her. Zum Glück! Heute kann man wieder unbeschadet seine Füße in das Wasser halten und das tat Caya auch sogleich. Ulm setzte sich zu Caya ans Ufer und sie schwärmten über Schmerlen und Groppen, die sich da im Wasser tummelten. Bevor die beiden weiterspazierten, erzählte Ulm noch von einem Schneckenpflaster mitten im Flussbett der Echaz. Doch Caya hatte diesen Schatz bereits im letzten

Jahr entdeckt, als sie mit ihrem Hund Gassi ging und dieser sich abkühlen wollte. Ein wirklich schönes Naturdenkmal, waren sich beide einig.

„Kennst du die Sage von der Burgherrin, die in eine Schlange verwunschen wurde?", fragte Caya ihren kleinen Freund. Das Mädchen erzählte von der Schlange, die wohl an der Flussmündung der Echaz wohnte und vor langer Zeit in einen Berg verbannt worden war und von einem schwarzen Pudel mit feurigen Augen bewacht wurde. Natürlich war von einem Schatz die Rede. Ulm kannte die Geschichte um das verwunschene Burgfräulein. Er hatte sie einst getroffen, als sie sich in einem schneeweißen Kleid und einem goldenen Gürtel mit einem riesigen Schlüsselbund daran zeigte. Damals wusste er nur leider nicht, dass er sie hätte befreien und somit den Schatz hätte bergen können. „So zeigt sie sich alle hundert Jahre, ich muss also nur abwarten", lachte er geheimnisvoll.

„Ein Fluss voller Geschichten und wahrer Schätze", bemerkte Caya. „Man muss nur auch hinsehen", ergänzte Ulm. Ulm langte in seine Tasche und zog einen kläglichen Rest *Schwäbischer Macarons* aus den Untiefen seiner Hosenbeutel. Caya lachte, munterte ihn aber damit auf, dass sie ihm versprach, gleich mit ihm auf seine geliebte Achalm zu gehen und mit ihm ein leckeres Abendessen zubereiten würde. Das roch nach kandierten Rosenblüten, Glückskeksen aus getrockneten „Vierblättrigen Kleeblättern" und vielleicht auch nach Veilcheneis mit gerösteten Walnüssen mit wilden Pusteblumensamen.

Auf dem Weg schmiedeten sie Pläne für weitere Ausflüge – als erstes wollten sie auf einen Aussichtsfels am Rande des Echaz-Tales wandern. Von dort hatte man einen herrlichen Ausblick über das ganze Fluss-Tal.

Natürlich lockte auch hier eine Geschichte, denn unter dem Fels ist laut einer Sage ein gemauertes Gewölbe zu finden – und es soll wohl der Beginn eines unterirdischen Ganges unter der Echaz hindurch sein. So erzählte zumindest Ulms UrUrUrgroßvater.

Aber das ist eine ganz andere Geschichte.

Buchempfehlung

Harzschnipsel

Yasmin Mai-Schoger

Gedichte und Geschichten aus dem Harz
inkl. der Geschichte vom „kleenen Brummer"

„Der wilde Mann"

ISBN: 9 783750 480032
erschienen im BoD-Verlag

Yasmin Mai-Schoger

Der Hausberg

Gedichte und Geschichten rund um die
Achalm

inkl. dem Achalm-Märchen "Der Hirte und die Schafstrauben"

Der Hausberg

Yasmin Mai-Schoger

Gedichte und Geschichten rund um die Achalm
inkl. dem Achalm-Märchen

„Der Hirte und die Schafstrauben"

ISBN: 9 783732289814
erschienen im BoD-Verlag

Yasmin Mai-Schoger

Die Achalm

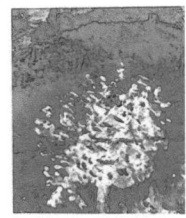

Gedichte und Geschichten rund um die
Achalm

inkl. der Geschichte "Ulm und der Ausflug auf die Schwäbische Alb"

Die Achalm

Yasmin Mai-Schoger

Gedichte und Geschichten rund um die Achalm
inkl. der Achalm-Geschichte

„Ulm und der Ausflug auf die Schwäbische Alb"

ISBN: 978-3-7494-6851-5
erschienen im BoD-Verlag

Die Schwälbler

Yasmin Mai-Schoger

Geschichten von der Achalm und
der Schwäbischen Alb
inkl. den Geschichten aus dem Harz

„Ein Harznok auf Reisen"
„Ein Schwälbler bei den Harznoks"

ISBN: 978-3-750-41198-2
erschienen im BoD-Verlag

Yasmin Mai-Schoger

Schmunzelstücke

Moderne Gedichte zum Schmunzeln
und Nachdenken

Eine kunterbunte Auswahl an Wohlfühlgedichten

Schmunzelstücke

Yasmin Mai-Schoger

Moderne Gedichte zum Schmunzeln und
Nachdenken

Eine kunterbunte Auswahl an Wohlfühlgedichten

ISBN: 9 783751 906777
erschienen im BoD-Verlag

Yasmin Mai-Schoger

Frau
Wirbelwusch

und andere lustige Gedichte und
Geschichten für Kinder

inklusive der bereits veröffentlichten Geschichte
"Chillis erster Ausflug"

Frau Wirbelwusch

Yasmin Mai-Schoger

Lustige Gedichte und Geschichten für Kinder

Eine Reise durch den heimischen Garten inkl. der Geschichte „Chillis erster Ausflug"

ISBN: 9 783750 437722
erschienen im BoD-Verlag